ASTRO-SIGNOS

Gêmeos

EDITORA EKO

Gêmeos

21 de maio a 20 de junho

Dinaê S. Gelhardt

EDITORA EKO

ÍNDICE

POEMA DE GÊMEOS

Gêmeos é ar em movimento
pássaro da liberdade
solto no firmamento
superfície livre, remoinho, alegria
pé-de-vento.

Tudo é breve
a vida é assim mesmo
cheia de novas amizades e esperanças
caminhos curiosos
estradas desconhecidas
momentos mágicos, surpresas e mudanças.

E o filho de Mercúrio
mente alada, alados pés
escurece em pleno dia
negra face, negros olhos
mergulhados em agonia
à Terra desce.

Nessa dança dos dias
se dê asas à fantasia
se tenha muita sabedoria
e o que antes se escondia
alça vôo em céu distante
feito espírito-criança.

O encanto
de ser bifronte
é estar defronte
de seu outro eu
a todo instante. (DSG)

SIMBOLOGIA ♊

Gêmeos, regido pelo planeta Mercúrio, é um signo aéreo e comunicativo, representado por dois adolescentes de formas flexíveis, mas bem perfiladas (no Egito antigo era representado por dois cabritos). Segundo a mitologia grega, Mercúrio possui os pés alados: é o mensageiro dos deuses. Também é o deus dos mercadores, do comércio, da comunicação e o protetor das estradas.

De todos os planetas conhecidos, Mercúrio é o mais próximo ao Sol. Encontra-se sempre imerso em raios solares, o que o torna raramente visível a olho nu. É o menor, o mais denso e o mais rápido planeta do sistema solar, afinal um bom símbolo para a velocidade e a mobilidade da percepção geminiana.

Considerada astrologicamente, a influência de Mercúrio é intelectual e ativa. Não é por acaso que se consagra, a um astro quase invisível, a natureza intelectual do homem.

Na fértil imaginação dos gregos, o espírito de Mercúrio estava sempre alerta para manifestar suas faculdades. A idéia dos antigos era demonstrar as atividades turbulentas do espírito mercuriano, o que fez com que lhe tivessem posto asas sobre a cabeça e nos pés.

Cabalisticamente o planeta Mercúrio representa a faculdade visual no grande corpo do Homem Celeste. É a faculdade ativa da consciência de si na humanidade, para ver, perceber e raciocinar. O signo de Gêmeos representa as mãos e os braços do Grande Homem Cósmico e, através dele, expressa a capacidade mecânica de projetar e executar.

"Mercurius", da maneira como os alquimistas

tentaram descrevê-lo dentro do simbolismo medieval, é o elemento representativo do entendimento, da conexão e da integração. Quando uma pessoa passa a entender algo que não sabia, tem uma idéia brilhante, ou quando existe um ponto em comum entre as idéias ou as pessoas, isto é "Mercurius". Em alquimia, "Mercurius" liga os opostos, o masculino e o feminino, e permite ao Grande Transformador (representado como ser andrógino) completar a transmutação da substância.

No plano esotérico, Mercúrio se transforma no Anjo Rafael, gênio da sabedoria e da arte. Por intermédio dele, percebe-se que as forças esotéricas são aquelas que fazem passar o gênero humano do plano animal ao mais humano.

O símbolo de Gêmeos é o número romano que indica dois: II. Revela a natureza basicamente dual de Gêmeos. Este signo necessita relacionar-se e esta relação pode abranger mais de uma pessoa ou idéia. A natureza deste signo reflete-se na seguinte idéia: "Multiplica-me, multiplica-me!".

O signo de Gêmeos, em seu aspecto simbólico, representa a unidade e a força da ação pela união, assim como as verdades da união. As duas estrelas brilhantes, Cástor e Pólux, representam as almas gêmeas.

Cástor e Pólux são duas crianças inseparáveis que expressam a dualidade. Estes famosos gêmeos mitológicos, emblema do signo, filhos de Leda e Zeus, foram chocados em um ovo, pois Zeus se uniu a ela sob a forma de um cisne. Assim, verifica-se que Gêmeos é metade pássaro e guarda muitas características dos seres emplumados.

Segundo a lenda, os gêmeos Cástor e Pólux raptam duas jovens pelas quais se apaixonam. Os noivos das cativas perseguem os dois e matam Cástor, o mortal. Então Pólux, o imortal, aceita passar seis meses do ano no reino de Hades, para que seu irmão, separado dele, possa voltar a viver na Terra durante o mesmo período.

Esses gêmeos são uma espécie muito particular dentro da mitologia, porque um é humano e outro divino, ambos bravos e corajosos guerreiros. Então, quando um deles morre e suas súplicas chegam a Zeus, este faz um pacto com eles (o signo de Gêmeos, aliás, tem um talento especial para fazer pactos). E eles conseguem autorização para alternar sua imortalidade. Enquanto um está com os deuses no Olimpo, o outro é simples mortal na Terra. Trocam de lugar sucessivamente. Embora pareça divertido, o mito dá uma idéia da profundidade interior de Gêmeos. Este nativo tem o sentido do eterno, das correntes secretas que trabalham para criar a vida. Esta é a razão, em parte, por que ele nem sempre leva a vida e as responsabilidades muito a sério. Algo muito profundo dentro dele lhe diz que isso não é tudo...

A lenda de Cástor e Pólux comprova o valor do sacrifício de Gêmeos: a morte de Cástor, apaixonado, evoca o sacrifício necessário dos impulsos carnais em benefício da razão e da superioridade da mente. Pólux, por sua vez, sacrifica-se seis meses ao ano para que o corpo torne a viver, mostrando, dessa forma, a dificuldade que o signo tem para alcançar o equilíbrio entre o corpo e alma.

Gêmeos simboliza a dualidade, o desdobramento interior, o antagonismo do corpo e da alma, mas, também, a idéia de que a vida tem sua origem na união de dois "inimigos". É, ao mesmo tempo, fonte de temor e de criação, medo à dissociação, ao duplo maléfico, à ambivalência. Desta mesma dualidade do bem e do mal, ou do masculino e do feminino, nasce a vida.

Pólux, imortal, representa a ansiedade e a emotividade; Cástor, mortal, é associado à sutileza e à indiferença. Este mito expõe o conflito interno entre os valores espirituais e terrenos. Afinal, segundo o mito, eles nunca estão no mesmo lugar, ao mesmo tempo. Daí a intuição de Gêmeos entrar violentamente em conflito com seu espírito analítico. Ele pode se sentir um estranho, tentando bloquear dentro de si um desses lados gêmeos, o que gera muita angústia. “Qual dos dois é ele ?”, pergunta-se. Os dois são realidade para ele.

Às vezes, brilha na maravilhosa borboleta, na eterna criança, ou como um mágico que espalha ouro em pó. De repente, torna-se sombrio, melancólico, amargo e, até, sarcástico, cínico, desagradável. Esses são os altos e baixos do ciclo vital do geminiano.

Ele poderia, no entanto, atentar para o fato de estar vivendo Pólux e passar a Cástor, fazendo com que esses dois lados se comuniquem, entendam-se. Gêmeos precisa ligar os opostos dentro de si mesmo. Tem que ser capaz de aceitar o masculino e o feminino, a mente e as emoções, o espiritual e o material, a luz e a sombra. Colocar-se no meio de dois opostos ajuda a desfazer o conflito. É a complementação. Opostos, na verdade, não são inimigos, são parte de uma sagrada visão da vida. E é isto que o geminiano realmente busca.

PERSONALIDADE

O signo de Gêmeos está sob a influência do elemento ar. Sendo assim, valoriza qualquer forma de comunicação: o ar é o meio pelo qual se transmite o som.

Caracteriza-se pela transformação e metamorfose. Encontra-se entre o pólo receptivo feminino e o pólo ativo masculino, projetando toda a sua atividade para o mundo que o cerca.

Este nativo costuma apresentar muitas qualidades. Pode-se dizer que é adaptável, habilidoso, dotado de talentos vários, espontâneo, vivaz, lógico, culto, dinâmico, charmoso, espirituoso, cosmopolita, eloqüente, persuasivo, curioso, tolerante e muito sociável.

O modo de vida do geminiano distingue-se dos demais signos do Zodíaco, pela facilidade com que passa de um estado a outro (da euforia para a angústia, por exemplo), pela sua instabilidade, agilidade e dinamismo contínuo. O nativo de Gêmeos tem muita dificuldade de conciliar os dois lados opostos de seu interior: o intelectual e o emocional. Custa a superar as contradições de sua personalidade. Sente-se, ao mesmo tempo, primário, instintivo, sensível e muito racional. Sua fragilidade psíquica é grande, motivo pelo qual pode mergulhar na escuridão. Quando consegue unificar esses lados, floresce a sabedoria, a mente amadurece e muitas de suas questões são solucionadas.

Como detesta a rotina, vive mudando e nunca pára de analisar sua situação; parece ser incapaz de sentir felicidade. Para ele, nada resulta satisfatório, nada permanece. A busca da felicidade é sem sentido para esse nativo. Sua felicidade será uma sucessão de bons momentos, vividos no presente.

Versátil, ativo, duplo, masculino (no sentido do yin e do yang): mutante e mutável como o mercúrio. Tende sempre a raciocinar, estudar e investigar. Sente-se atraído pelas ciências e tem grande paixão por todo o tipo de conhecimento. Necessita saber mais que sentir ou atuar. Sua mente ferve de idéias e da necessidade de relacionar-se, falar e conectar-se. Assim, de acordo com a maneira de pensar e atuar de Gêmeos, quanto mais atividades possa exercer, mais lugares possa ir, mais informações possa obter e compilar, mais amplo será seu sentido de identidade pessoal. Esta é a realidade de sua vida incrivelmente ocupada e de sua mente não menos frenética.

E ainda que seja dotado de muita clareza mental, às vezes apresenta-se desordenado e disperso. Não segue as convenções sociais, é distraído e esquece datas especiais.

Este nativo é inteligente e possui mentalidade rápida e alerta. É refinado, reflexivo, idealista e amante da verdade. Nada o satisfaz tanto como perceber o reconhecimento alheio quanto à sua inteligência. Em geral, ele adora se sentir admirado. Alguns chegam a se mostrar muito orgulhosos e arrogantes.

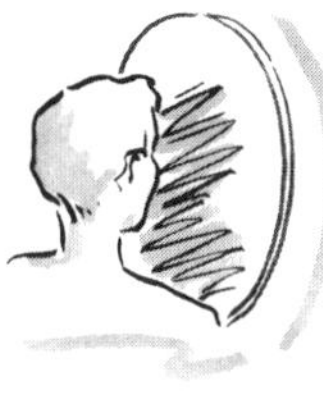

Gêmeos é um dos signos mais narcisistas do Zodíaco. Cástor procura sempre a imagem de Pólux. Muitos deles são extremamente preocupados com a imagem e vivem a se admirar, têm fascínio por espelhos e por exibição. Marilyn Monroe foi exemplo disso.

Inconstante, raramente estuda o mesmo tema por muito tempo. Contemplativo, demonstra sempre ter muita imaginação. Geralmente é um bom companheiro e agrada-lhe cooperar com os demais.

O geminiano consegue resultados mais rápidos e eficazes adaptando-se, conforme o caso, às exigências da vida, aceitando as circunstâncias com muita flexibilidade e talento, principalmente se está em apuros. Pertence à categoria dos que se dobram, mas não quebram (ao contrário de Touro). É um signo de fácil adaptação, tanto a pessoas como a ambientes. E muito suscetível às influências. Alguns nativos são verdadeiros camaleões, adotando até os modismos de linguagem das pessoas com as quais convivem ou tratam e adquirindo o sotaque da região que visitam, por exemplo. Convém, no entanto, estar atento: Gêmeos é pouco permeável aos argumentos alheios, mais dotado para convencer do que para ser convencido.

A capacidade de criar, ter idéias novas e convertê-las em projetos viáveis caracteriza sua personalidade. O senso prático e a fina lógica, unidos ao poder de abstração, favorecem a imaginação do geminiano, tanto no terreno concreto quanto no das idéias puras.

Age, principalmente, a partir da conexão e da comunicação de suas idéias que fluem de maneira clara e sucinta. É capaz de falar e argumentar com brilhantismo sobre a maioria dos assuntos e problemas. Seu planeta regente, Mercúrio, transforma-o no comunicador do Zodíaco. É pessoa persuasiva, domina os jogos de palavras e possui a arte de conversar bem. Se ele sabe algo interessante, o mais natural é contá-lo a todo mundo.

Gêmeos é um signo positivo. Prefere dar início e realizar os projetos, em vez de esperar o desenrolar dos acontecimentos. Custa-lhe esperar, gosta de decidir e de tomar iniciativa. Dificilmente conforma-se em ficar quieto ou sentado. Quando o resto do corpo permanece imóvel, costuma expressar o que sente com as mãos. Está sempre em movimento. O geminiano mostra-se hiperativo, nervoso e intranqüilo, muito mais por necessidade do que para ultrapassar os limites, podendo chegar à provocação, à indisciplina e à agressão.

Como está sempre sedento de novas emoções, freqüentemente demonstra atitudes egoístas. Poderá até esquecer aqueles que o cercam. Em contrapartida, esse nativo é espontâneo em todos os momentos. Uma vez que tem dificuldade para conciliar ação e emoção, às vezes age sem pensar, em outras, a reflexão o impede de agir. Existe dentro dele um mecanismo de crítica simultânea, que contribui para a racionalização das ações instintivas. É pessoa de boa intuição, observando e deduzindo...

O geminiano é um viajante, um andarilho que pode se lançar por caminhos desconhecidos, afinal, Mercúrio é o deus dos pés alados. Seu meio de transporte favorito é o avião. Aprecia a velocidade. Falta-lhe, muitas vezes, interesse pela casa ou por outro domicílio. Poderá mudar de endereço freqüentemente. Muitos objetos talvez nunca abandonem as embalagens (devido às mudanças) e os que distribui pela casa mesclam estilos e gostos. Acomoda-se com o mínimo necessário (bastam-lhe um colchão, uma geladeira e uma mesa); privilegia seus livros e vive rodeado deles.

Em sua personalidade está a dualidade. Tende a saltar de uma questão a outra, sem se deter um segundo, a abordar mil e um assuntos e a passar por cima de tarefas importantes, muitas vezes por não conseguir se organizar. Ele precisa se esforçar para levar a cabo um projeto, mesmo após ter perdido o entusiasmo inicial.

Os outros nativos podem sentir certa dificuldade no trato com ele, uma vez que muda de atitudes seguindo ora um impulso, ora outro, sem levar em conta que as pessoas, não raro, consideram-no incoerente. Percebe-se que o senso agudo de relações públicas o ajuda a realizar e, até, a finalizar o seu trabalho, assim sua mente fica livre para buscar novas aventuras e conquistas. Esse nativo possui um caráter imprevisível e o converterá em um de seus maiores encantos.

O filho do ar faz apenas uma exigência: a liberdade. Seja no campo sentimental ou profissional, nunca se resignará caso venha a perdê-la. É seu valor absoluto. Viver em liberdade significa voar sempre, condição necessária para suas escolhas e atos.

Às vezes, parece ingênuo, já que se deixa levar por impulsos. No entanto, o outro lado de sua personalidade é astucioso - a autêntica raposa do Zodíaco - capaz de fingir com a inocência de um adolescente e seduzir o menos avisado. Seu verdadeiro poder é a astúcia, que mescla sensibilidade e inteligência. Como na fábula, será capaz de bajular o corvo que está na árvore, até que ele, ao responder, deixe cair o pedaço de queijo que tem no bico. Prefere o fim aos meios e, como é muito rápido, não tem tempo para ser escrupuloso.

O geminiano apresenta tendência à superficialidade, a sair pela tangente, devido ao seu temperamento fugidio. Aparentemente concilia tudo o que não pode resolver de forma definitiva. Prefere viver como se fosse um personagem, representando um papel, a viver sua própria vida. Gosta da surpresa e de causar assombro, difundindo histórias extravagantes sobre si mesmo, às vezes apelando para a fantasia. Aprecia os artifícios, os disfarces e as aparências. É perfeito aquilo que parece ser...

Muitos nativos sentem grande necessidade de companhia e profunda solidão. Afinal, depois de se lançarem ao incansável vaivém social, podem chegar a uma atormentada crise de identidade, ao vazio interior e, até, à depressão. Mesmo deprimidos, preocupados, a simples presença dos demais pode lhes devolver o bom humor.

Gêmeos manifesta um forte complexo de falta de confiança em si mesmo. Poucas vezes chega a fazer qualquer comentário ou demonstra o que sente, vivendo esta desarmonia interior com certa despreocupação, ou com um ar alheio, mas, no fundo, preocupa-se muito com esse aspecto de sua personalidade. Costuma se desdobrar em atitudes e opiniões contraditórias, daí a dificuldade de atingir sua auto-afirmação.

No entanto, um nativo de Gêmeos não dá muita importância àquilo que os outros falam sobre ele. Melhor assim, pois sua natureza amoral e, por que não dizer, imoral, segundo a opinião pública, pode provocar muitos comentários. O geminiano, ele próprio, mesmo sem má intenção, fala demais sobre a vida alheia, participando de fofocas.

Gêmeos é o "filho do Zodíaco" ou Peter Pan, devido à sua vitalidade juvenil, à ávida curiosidade e tremenda necessidade de perguntar "por quê?" Uma vez que as questões nem sempre têm respostas (ou não podem ser respondidas), encontram-se, entre os inteligentes nativos de Gêmeos, muitos insatisfeitos. Podem chegar à indiscrição. E são tachados de bisbilhoteiros, pois manifestam um desejo irreprimível de conhecer os segredos, a vida e os negócios alheios.

À medida que a criança nascida em Gêmeos desenvolve as capacidades necessárias para atuar no mundo, sua ânsia de experiência aumenta e cria as bases sobre as quais se estabelece para o resto de sua vida. Gêmeos não cessa de ir em busca de experiências, mas o estímulo que o envolve pode vir a se perder, fazendo com que ele também perca a base. Somente quando amadurece como pessoa pode selecionar e persistir no que lhe convém.

Aliás, esse nativo é capaz de amadurecer, mas costuma atrasar todo o processo o quanto pode. Gêmeos é fascinado pela variedade e possui a habilidade de estar, ao mesmo tempo, no maior número de lugares diferentes. Admira os numerosos rostos que contempla, as incontáveis e imperdíveis aventuras e a versatilidade de sua própria natureza mercurial. Adora se divertir, é pessoa de rápidas palavras, ainda que elas nem sempre sigam a ação.

É considerado um dos humoristas do Zodíaco. Tem o dom até de rir de si mesmo. Verdadeiro comediante, sabe improvisar piadas hilariantes, mas também zombar, com sua ironia mordaz. O otimismo alegre, leve, jovial e o pessimismo cínico e racional coexistem na duplicidade do signo, como os dois lados da mesma moeda. Poderá ser cortante e embaraçoso, pois nem sempre percebe as reações emocionais dos que o cercam, chegando a magoá-los. Em seus períodos negros, torna-se bastante intratável. E as almas sensíveis que se cuidem.

Quando chega a adulto, o "filho do Zodíaco" pode se transformar numa pessoa incrivelmente dotada. Sua capacidade de raciocinar torna-se ainda mais clara e inteligente, seu otimismo e gosto pela vida enchem de alegria tudo quanto o rodeia. Nesse momento, comprovamos que a alma de criança não está perdida, mas bem viva e com boa saúde, protegida e perfeitamente a salvo no interior do coração de Gêmeos.

Seu apetite é moderado, aprecia a cozinha leve, os novos e variados sabores e o exotismo dos pratos. Falta-lhe, no entanto, moderação com a bebida... Prefere a televisão ao concerto (e assiste a vários programas simultaneamente), a música rápida à melodia lenta, um "buffet" à comida servida em mesa, ir a sete cidades em sete dias a passar toda a semana em uma delas...

Fisicamente é delicado, com pouca força muscular e pouca resistência, mas necessita somente de alguns minutos para se recuperar e seguir adiante. Possui um corpo reto e grande, uma tez sangüínea, cabelos preferencialmente negros, olhos cor de avelã ou verdes, um olhar penetrante e sempre em movimento, um passo vivo e ativo.

Personalidades muito marcadas pelo signo de Gêmeos: John F. Kennedy, Marilyn Monroe, Bob Dylan, Paul McCartney, John Wayne, Rainha Vitória, Henry Kissinger, Judy Garland, Anne Frank, Dante Alighieri, Pascal, Jean-Paul Sartre, Clint Eastwood, Charles Aznavour, Sir Lawrence Oliver, Isadora Duncan, Françoise Sagan, Richard Strauss, Richard Wagner, Marguerite Yourcenar, George Bush, Joan Collins, Barry Manilow, Brooke Shields, David Niven, Donald Trump, entre outras.

AFETIVIDADE

O geminiano mostra-se um tanto indiferente à organização familiar. Alguns nativos julgam esta instituição um tanto asfixiante, que aniquila a independência. Geralmente sai de casa muito jovem e, no futuro, parece desconfiado na hora de constituir a própria família.

A adolescência é a época em que o corpo do geminiano escapa da sensação e da afetividade primárias para adaptar-se à circulação no mundo exterior, para tornar-se mais intelectual e racional. Ao integrar-se à sociedade, vive uma fase cheia de conflitos, complexos, incertezas, dificuldades para escolher um caminho e limitar-se a ele. A maturidade intelectual pode contrastar com sua vida psíquica (que tarda a encontrar equilíbrio) e com corpo (que se desenvolve de modo lento).

Sendo um signo de contato, é também o símbolo da amizade universal. Favorece a fraternidade e o companheirismo, é cordial e até afetuoso com as pessoas que o rodeiam. Alcança a plenitude no intercâmbio e é impulsionado de forma irreprimível em direção aos outros. Seus encontros lhe permitem existir. Para ele, ser é comunicar-se. Prefere a confidência ao segredo. Às vezes, é muito falador sobre alguns assuntos e permanece calado sobre outros...

Sabe receber como ninguém. É muito hospitaleiro e as portas de suas casa estão sempre abertas.

O geminiano sempre tenta evitar os conflitos ou age como espectador, pois seu objetivo é agradar a todos. No entanto, pode provocar algumas resistências e fazer alguns inimigos, pois sempre quer ter razão e costuma rebater seu interlocutor. Se vier a mentir, usa seu talento e não a maldade. Em geral, costuma manifestar sinceridade.

Quando o ofendem, pode se vingar logo depois, com uma habilidade diabólica ou - por que não? - falando mal de quem o ofendeu. Mais tarde, esquecida a afronta, ele é capaz de reatar os laços com seu pior inimigo.

Este nativo tem um espírito muito crítico, pouca paciência, escassa fidelidade e certa dificuldade em estabelecer amizades profundas e duradouras. Muda constantemente de relações, sejam amizades ou conquistas. Um alerta: por trás da atitude inconstante e indecisa, esconde-se uma pessoa que tem necessidade da verdadeira amizade para se sentir segura. E este vínculo até pode ser mais forte que o amor.

Se Gêmeos não pretende se ligar a uma ou mesmo a várias pessoas, tampouco suporta a solidão. Na presença dos outros, anima-se; sem companhia, sente-se vazio.

Nem o homem nem a mulher de Gêmeos são dominantes. Com muito tato e respeitando sempre a liberdade alheia, esperam a mesma atitude por parte dos outros. O geminiano detesta que exerçam domínio sobre ele.

Livre como o vento, o primeiro signo do trígono do ar tem a mente aberta e genial, muita intuição, mas sente dificuldade de revelar seus sentimentos mais profundos e sintonizar com a maneira de pensar e sentir dos demais. Já que este nativo comunica seus pensamentos com brilhantismo, precisa saber se realmente sabe ouvir. Às vezes, as palavras entram em seu ouvido e saem pelo outro e, assim, é impossível ter êxito nas relações.

Necessita-se de muita vitalidade para tratar com Gêmeos. E não convém ser ciumento. Afinal, ele também não é possessivo. Adora flertar, conversar, divertir-se e brincar com todo o mundo. É mais atraente que sedutor, por isso está propenso a ter, ao mesmo tempo, vários relacionamentos sem se comprometer. Às vezes, para safar-se, mentirá ou será vítima das próprias maquinações.

Esse nativo oscila entre dois pólos. Por um lado é nervoso, instável, sempre em busca de novas emoções, volúvel, teimoso, vivendo o tempo presente da forma mais prazerosa possível. Por outro lado é sangüíneo, um modelo de autocontrole, curioso, prático, sarcástico, de coração endurecido. E as duas tendências costumam entrar em conflito...

Gêmeos sente muita dificuldade para compreender os próprios sentimentos. Afinal, este é o signo menos introspectivo do Zodíaco e, ao que tudo indica, tem que passar por duras experiências até expressar seus próprios motivos. Devido a isto, custa-lhe entender por que os demais não conseguem compreendê-lo. Pode parecer frívolo e superficial, pois, apesar de pensar profundamente, tem pouco conhecimento de si mesmo e o que ele busca é a abrangência: dizer tudo sem a necessidade de entrar em tantos detalhes.

Muitos geminianos desdenham a exploração psicológica por medo de se defrontarem com o que está dentro deles mesmos. Acreditam que, identificado o problema, ele se resolverá por si. Ledo engano.

Alguns temem perder o controle, preocupam-se em fazer algo e depois se arrependerem. Preferem ser um enigma a revelarem e definirem suas necessidades emocionais mais íntimas. Um lembrete: independentemente do estímulo mental (referente ao trabalho ou ao êxito econômico) é pouco provável que Gêmeos sinta-se realizado sem algum interesse amoroso em sua vida, ainda que não o admita.

Está entre o desejo e a indiferença, o sentimento e a razão. Não é pessoa constante em seus afetos e tende a analisar e a racionalizar tudo, inclusive suas emoções, porque é mais intelectual que emocional. Não tolera a rotina e a monotonia, por este motivo qualquer atividade que realiza deve lhe permitir mobilidade e mudanças. Termina uma relação ao sentir tédio ou não mais encontrar o prazer do inesperado. Pode transformar o rompimento em algo cotidiano. Isto chega a ser trágico, quando sua atitude corresponde à rejeição dos sentimentos ou da estabilidade.

O amor pode ser para Gêmeos um interessante desafio. É provável que suas relações durem somente se houver estímulo mental. Será um companheiro maravilhoso, com a condição de seu par possuir a mesma força e variedade de interesses que ele.

Segundo a astrologia tradicional, Gêmeos se relaciona melhor com os outros signos de ar, Libra e Aquário. Mas os iguais nem sempre se atraem e até se aborrecem. Por isso, Gêmeos sente irresistível atração pelos signos de água (Peixes, Escorpião e Câncer). Chega a ficar encantado (ou aterrorizado?), observando a facilidade com que expressam os sentimentos e tende a se libertar um pouco mais. Descobrindo suas emoções e necessidades, deixa de condenar a sensibilidade alheia, passa a entendê-la e, quem sabe até, chegue a fazer algumas concessões a caminho da transformação. Se Gêmos encontrar alguém que ame as suas diferentes facetas, poderá tentar uma relação estável para se sentir menos fragmentado.

No entanto, se o parceiro(a) for um tipo maternal (ou paternal) como Touro ou Câncer, um tipo gentil e sensível como Peixes, ou alguém intenso e ciumento como Escorpião, deverá ter vida própria e ser independente, pois o geminiano raramente poderá lhe fornecer a afeição de que necessita.

Neste signo, o romantismo é suave, cintilante, temperamental, entre a brincadeira e o pranto. O geminiano é o protótipo do apaixonado errante.

Dizem que ele prefere a amizade ao amor, os jogos da mente aos prazeres do corpo. Sensualidade não é fundamental; harmonia intelectual, sim. O sexo, por si só, não basta para que este nativo se comprometa em uma relação e, às vezes, ele parece não se preocupar com as necessidades do parceiro(a).

É um ser aventureiro, age pelo estímulo que sente perante a novidade, não para conquistar, possuir ou afirmar-se. Ama o imprevisto.

Muitos chegam a confessar que suas relações afetivas resultam-lhes claustrofóbicas. Gêmeos parte em direção da permanente conquista da indepedência, e o amor, às vezes, prende com correntes das quais ele quer fugir. O simples fato de conversar sobre suas emoções coloca-o numa armadilha, subjugado. Para escapar, será espirituoso ou irônico a respeito do que sente com mais intensidade. E prefere que o parceiro faça o mesmo, em vez de se abrir em gestos teatrais. Aliás, isso o deixa pálido de perplexidade e ele vai desaparecer no ar... Jean Paul Sartre, geminiano típico, escreveu: "O inferno são os outros".

É particularmente difícil que homens e mulheres deste signo definam e concretizem seus objetivos emocionais. Muitas vezes renunciam a um relacionamento mais profundo. Sua atração ou sentimento amoroso pode se transformar em amizade sensual ou amor platônico. Pode sofrer ou sentir prazer com esta dificuldade de entregar-se. Permanece indeciso, sem saber se gosta ou não desse sentimento. Este signo duplo, marcado por problemas de identidade, necessita do olhar alheio para encontrar-se e sentir-se motivado. E ser mais amável e carinhoso, não frio e superficial.

Este nativo prefere o jogo ocasional ao prazer mais direto. Seus impulsos são muito anárquicos. Mercúrio, que rege o signo, não favorece o matrimônio. Poderá, inclusive, casar-se por interesse, inúmeras vezes, ou eternamente buscar alguém que compreenda sua personalidade de Peter Pan. Devido ao senso crítico aguçado, poucas vezes ele se encontra satisfeito com a vida em comum. Os divórcios sucessivos marcam o nativo de Gêmeos. Muitos transformam-se em solteiros inflexíveis, preferindo períodos de concubinato ao matrimônio tradicional.

O homem de Gêmeos é borbulhante e leve como um champanha que se toma numa noite quente de verão. O mundo o fascina e ele está interessado em todas as pessoas. Mesmo acompanhado, gosta de se comportar como se estivesse sozinho. Ama a liberdade.

O nativo deste signo busca um rosto bonito e uma personalidade que desafie sua mente. E será melhor manter suspense, pois ele é do tipo que se aborrece ao descobrir os mistérios da parceira e parte para outra conquista.

Ele tende a ser infiel e aprecia aventuras passageiras. Sente desejo de seduzir, tirando partido de tudo como se fosse um jogo, satisfazendo sua natureza transitória e ávida por variedade, brincando, sempre com um sorriso nos lábios... E se, algum dia, deixar de brincar para se relacionar de modo sério, pode vir a ser mais um agradável companheiro do que um amante apaixonado. Ulisses, muito astuto e inteligente, associa-se aos valores deste signo.

A companheira ideal deve estar em sintonia com sua mente ativa, ter muito senso de humor e tolerar a sua necessidade interior de ser livre. Que seja interessante e interessada (o homem de Gêmeos é particularmente interessante, carismático). Mas se ela quiser caminhar em direção ao altar, evite Gêmeos. Ele é imprevisível, jovial e engraçado, quando tudo parece sério e monótono demais. Ele lembra que a vida é cheia de alegrias e novidades, com um vasto campo a ser descoberto. E sua parceira poderá descobrir o quanto voar com ele é maravilhoso...

Para obter mais êxito no campo afetivo, o homem de Gêmeos precisa manifestar suas emoções e dizer o que sente. Por que ocultar o fato de estar enamorado? Por que não alegrar ainda mais a vida permitindo que o amor entre nela?

Se tiver filhos, o geminiano fará com que despertem para os fatos curiosos da vida, estimulando-os para que desenvolvam a inteligência, sem exercer autoridade asfixiante. É um pai amigo, companheiro de jogos de seus filhos, com os quais mantém longas e amenas conversações.

A geminiana não tem na sua lista de prioridades a paixão, a maternidade, a vida do lar provinciana e rotineira. Gêmeos, mulher ou homem, precisa de ar para respirar e espaço para explorar. Necessita estar em constante aprendizado, em constante atividade. Assim, antes de pensar em constituir família, deve satisfazer seu afã pelos estudos, viagens e novidades.

Tem-se observado que a mulher de Gêmeos possui uma emotividade mais profunda e um ideal amoroso com menos sede de independência, embora evite demonstrá-los. Costuma ocultar a dificuldade de expressar seus sentimentos fingindo carecer deles. Em geral, como o homem, tende a reprimir e a negar suas emoções. Pode também sucumbir às aventuras e às alegrias efêmeras dos relacionamentos sem futuro.

Deixa-se levar com facilidade pela primeira impressão e adiciona um componente infantil à relação amorosa. Busca um homem que estimule sua mente, incendeie seu coração e possa apimentar sua vida. Quando começa uma relação, sua mente permanece livre; o amor é, para ela, tão somente uma parcela de sua vida afetiva.

Muitas vezes, a geminiana esquece as questões práticas. Em conseqüência, é capaz de se envolver com homens comprometidos em outra relação. Se estiver casada, poderá perder o controle da situação na ânsia de acrescentar cada vez mais "tempero" à sua vida. Marylin Monroe, por exemplo, enveredou por muitas aventuras, sem conseguir ser honesta consigo mesma...

Para ter mais êxito no amor, deve entender a dualidade de sua personalidade: no fundo, ela quer unir o desejo de estímulo e variedade à necessidade de ter alguém que a ame e cuide dela. Apesar de não ser nada fácil encontrar o que busca, a borboleta do zodíaco, sempre voando de flor em flor, deverá controlar seus ímpetos e evitar perder tanto tempo com homens diferentes, por que, finalmente, acabará se convencendo de que nenhum deles é perfeito o bastante para manter com ela uma relação duradoura.

Por outro lado, ela tende a ser flexível e adapta-se às circunstâncias do amor: apaixonada, corresponde aos desejos do marido e se interessa por tudo o que tenha a ver com ele, chegando a se mostrar adepta de seus gostos e opiniões. Se não ver uma personalidade formada, acabará se transformando numa espécie de alma gêmea do ser amado. Subestimando sua própria versatilidade, muitas mulheres tornam-se neuróticas e infelizes. Se tiver filhos, a geminiana dispensará a eles uma educação inteligente e equilibrada, comunicando-lhes sua habilidade e senso prático frente à vida. Será exemplo de mãe amiga e compreensiva, mas pouco carinhosa.

As espiãs e, em especial, Helena de Tróia (incapaz de resistir à sedução e ao rapto), são heroínas geminianas típicas.

O amor, para esta mulher, tem uma dose de romantismo cortês e polido, intensa emoção, humor e frivolidade. E ela aprecia os homens que saibam falar de amor. Evasiva, livre, leve, distraída e graciosa, lembra o fascínio da borboleta...

As combinações ideais para Gêmeos são: Aquário, Libra, Áries, Leão. Veja, a seguir, como Gêmeos se comporta em relação aos outros e como manter as melhores relações possíveis com todos os signos.

GÊMEOS-ÁRIES

O par celebra uma eterna festa. Simpatizam-se e renovam-se com o contato mútuo. A relação é repleta de estímulos mentais e físicos, mas Áries tem tendência a encarar tudo como urgente e isso é desgastante para Gêmeos, menos afeito a compromissos. Gêmeos pode se cansar e Áries julga-o inconstante.

GÊMEOS-TOURO

Não são muito compatíveis. Touro é sensato, prático e paciente. Considera Gêmeos muito frívolo, infiel, mentiroso, e costuma perder a paciência quando a dualidade deste signo se torna por demais irritante. Gêmeos tem muito a aprender com o parceiro, se conseguir ficar com ele, mas Touro parece pesar como uma cruz nas costas de Gêmeos.

GÊMEOS-GÊMEOS

Aparentemente esta união é brilhante. Cumplicidade em tudo: leveza, audácia, vibração, amizade, harmonia intelectual. Gêmeos adora partilhar idéias, falar e ser ouvido. No entanto, sabem ouvir um ao outro de verdade? Gêmeos necessita de solidez e equilíbrio e o outro não tem base para lhe dar segurança.

GÊMEOS-CÂNCER

Câncer é um dos signos mais sensíveis do Zodíaco e, para o êxito da relação, será necessário que Gêmeos remexa em seus próprios sentimentos. Gêmeos, a "enguia", escapa, não se deixa dominar. É demasiado volúvel, com seu estilo frenético de viver. Visto que os dois gostam de provocar, logo surgem as brigas. Câncer vai se cansar de esperar em seu lar por Gêmeos, que retorna, a altas horas da noite, depois de se divertir com os amigos.

GÊMEOS-LEÃO

Leão, pura força e potência, sente-se fascinado pelo encanto, leveza e temperamento mutante de Gêmeos (e vice-versa). Leão é vulnerável aos artifícios, às ilusões, aos elogios, e Gêmeos, com sua astúcia, sabe satisfazê-lo. Na verdade, os dois vivem disputando: Leão acredita dominar Gêmeos que, por sua vez, manipula-o a seu bel-prazer. No plano social, podem formar uma equipe de muito êxito.

GÊMEOS-VIRGEM

Para que esta relação tenha êxito, Gêmeos deve se organizar melhor no lar e no trabalho. Afinal, Virgem é o signo da crítica e da perfeição. Podem ser colaboradores, parceiros no campo intelectual, tendo em vista os temperamentos racionais (ambos são regidos por Mercúrio), mas poucas vezes amantes.

GÊMEOS-LIBRA

Para que esse par considerado ideal obtenha êxito é necessário que um conheça as metas e aspirações do outro. Ambos necessitam de independência e podem fazer o jogo de esconde-esconde. Gêmeos deverá ser menos disperso em seus objetivos e Libra menos indecisa e pessimista nos seus. Em geral, há harmonia entre esses dois signos de ar. A natureza artística de Libra enriquece a lógica de Gêmeos.

GÊMEOS-ESCORPIÃO

Escorpião dá um ar de mistério a Gêmeos, mas, para este, é difícil encarar a intensidade e as fortes emoções de seu par. Para que a união tenha êxito, Gêmeos deverá se comprometer de modo mais apaixonado do que o habitual. A paixão e a angústia de Escorpião não se associam à indiferença mutável de Gêmeos. Gêmeos pode fazer concessões, pois é capaz de ceder a certas exigências. Aqui são freqüentes os matrimônios felizes (principalmente as mulheres de Gêmeos com os homens de Escorpião).

GÊMEOS-SAGITÁRIO

Acreditando que os opostos se atraem, talvez Sagitário seja o par perfeito para Gêmeos em todos os níveis. Harmonizam-se o fogo e o ar, a mobilidade, os interesses comuns, como as viagens e a vida itinerante. Sagitário ajuda Gêmeos a orientar os impulsos e são muito unidos. Um alerta: antes de pensar em mudar o mundo, é preciso refletir sobre os próprios defeitos.

GÊMEOS-CAPRICÓRNIO

Capricórnio leva Gêmeos ao sucesso material. E, quem sabe, Gêmeos o convença a trabalhar um pouco menos e divertir-se mais. Deste modo, oferecem algo positivo e complementar um ao outro. No campo afetivo, a lentidão de Capricórnio é inversamente proporcional à rapidez de Gêmeos para perder o entusiasmo.

GÊMEOS-AQUÁRIO

São sempre bons amigos. Signos de ar, compartilham os mesmos valores: sociabilidade, prioridade do intelecto, versatilidade, alma de andarilho... Devido à indiferença, não se atraem. Aquário, no entanto, poderia acrescentar a Gêmeos mais sinceridade e preocupação com o futuro. Para uma relação a dois, ambos deveriam estruturar melhor suas vidas.

GÊMEOS-PEIXES

Se conseguirem harmonizar com o que cada um tiver de melhor, sem que o lado mais instável e oposto os destrua, tudo irá bem. Como ambos tendem a vagar em muitas direções ao mesmo tempo, talvez esta relação seja difícil. Gêmeos tem muito o que aprender com a sensibilidade e a empatia de Peixes, para moverse em direção a todos os signos.

RESPONSABILIDADE

As profissões mais indicadas para Gêmeos são as seguintes: secretário, escritor, compositor, maestro, conferencista, político, jornalista, comediante, ator, locutor, professor, impressor, editor, publicitário, vendedor, comerciante, operador de bolsa de valores, viajante, transportador, corredor, recepcionista, telefonista, lingüista e todas as relacionadas aos meios de comunicação e às viagens de um modo geral. Ele se destaca nas tarefas em que pode se mover ou exercitar-se e pôr à prova sua rapidez mental. Além disso, desenvolve seu trabalho ao intercambiar e transmitir informações. É um comunicador e um colaborador nato.

Muitas vezes, ele é um divulgador em vez de criador, o qual transmite de forma competente os conhecimentos obtidos em fontes diversas, afinal ele tem grande facilidade para analisar e sintetizar os assuntos. Identifica-se muito bem com o trabalho relacionado à linguagem (falada e escrita), uma vez que, neste campo, usa a lógica e as diversas possibilidades de expressão.

Este é um signo do intelecto. Gêmeos tem facilidade para seguir os estudos como estudante regular, universitário ou autodidata. Mais que um especialista, é uma pessoa de cultura geral, totalmente eclética, cujo único defeito talvez seja a superficialidade. É claro que existem os versados em algum estudo particular, arte ou profissão, mas, mesmo estes, fazem de tudo para atingir a diversificação e a versatilidade no que se ocupam.

E como é muito versátil, acaba encontrando dificuldade de progredir na profissão, de prosperar palmo a palmo, ao longo dos anos, e de consolidar-se. Ele costuma alcançar êxitos fáceis e passageiros. Sendo rápida a ascensão, tem que batalhar para se manter no patamar desejado.

Um geminiano deve observar bem as idéias expressas no lema norte-americano "erguer-se com esperteza e atacar com prudência", pois a energia, a inteligência e a imprudência constituem os principais traços de um nativo de Mercúrio. Não há nada demasiado violento nem demasiado pesado para seu espírito inventivo, e não há nada demasiado grande que seu cérebro não possa executar. Os Estados Unidos estão sob a regência de Gêmeos (a constelação de Mercúrio). A energia ativa, os empreendimentos comerciais e a habilidade do americano típico na execução dos projetos manifestam-se graças à influência singular de seu astro dominante.

No plano intelectual, o planeta Mercúrio é verdadeiramente o gênio da sabedoria e governa a totalidade das faculdades mentais, chamadas perceptivas. As faculdades oratórias estão igualmente regidas por este planeta. Aqueles que estão sob seu influxo são engenhosos, inventivos, espirituosos, sarcásticos, científicos, e possuem muita força de penetração.

No plano físico, Mercúrio rege o cérebro e a língua. O indivíduo possui uma imaginação viva e uma excelente memória, além de ser reconhecido por seu poder de persuasão. Estão, ainda, reforçados por Mercúrio, a capacidade de falar pelo menos uma língua estrangeira e a determinação de estar em dia com os avanços no campo da informática para poder utilizar dados e comunicar-se com o resto do mundo.

Além disso, possui todas as qualidades para ser um perfeito negociante. É intuitivo, tem capacidade de síntese, prevê as jogadas. Sabe argumentar, mas nem sempre é um bom administrador de seus próprios negócios.

Gêmeos é um signo receptivo e acessível a todas as solicitações. Também é ativo, por isso transforma os pedidos em projetos e realizações múltiplas. Com tanta disponibilidade, talvez chegue a dispersar seus esforços. A concentração não é o ponto forte desse nativo. Pode, inclusive, começar muitas obras ao mesmo tempo e só levar a termo umas poucas, saindo ao encalço de outras novas. Muitas idéias rondam a sua cabeça, e ele, talvez, não de decida por nenhuma... Esta é a face amadora, instável e irresponsável do geminiano. Um lado de sua dualidade.

Este nativo não é ambicioso, embora possa até alcançar mais êxito que algumas pessoas perseverantes. O geminiano não deseja ascender, quer ampliar-se, propagar-se, difundir-se. O dinheiro não exerce muita atração sobre ele, é apenas um meio, como outro qualquer, de adquirir independência ou percorrer o mundo. Se há algo que não o preocupa é sua conta bancária. É mais esbanjador que poupador, e isto fará com que trabalhe muito mais.

Se Gêmeos levar a sério a consecução de seus objetivos materiais, nada o deterá. O desejo de ganhar dinheiro e receber o que merece pode motivá-lo. Os fracassos não o desanimam. Um exemplo típico é Donald Trump, um geminiano que, literalmente, deu a volta por cima.

Qualquer nativo deste signo, em contrapartida, tende a fugir da disciplina. Pode trocar de emprego muitas vezes. Detesta os limites, as quatro paredes e os hábitos impostos. Inconstante e independente, sente dificuldade de se adaptar a uma hierarquia e a rotina o aborrece. No entanto, o geminiano acaba se conformando a certas normas, mas com a motivação de ter passatempos em que possa dar asas às suas fantasias.

Gêmeos é como a criança que não gosta de ter responsabilidades as quais não consegue justificar. Ele vive o momento e poucas vezes se compromete. Evita fazer planos para o futuro. Assim, caso sofra algum malogro, será pequeno e momentâneo, logo esquecido. Não costuma ter grandes insucesos. Alguns nativos sofrem devido à sua própria despreocupação e indiferença. Falta-lhes, muitas vezes, confiança em si mesmos para construir algo estável. Ter um ideal requer muita constância, e isso é difícil para ele que pode chegar a mergulhar na sombra da criança irresponsável, mentirosa e aproveitadora.

Apesar de tudo, ele tem um código de moral rígido, próprio, e age de maneira correta com as pessoas. Muitos Gêmeos tentam vivenciar os seus próprios códigos éticos. Mas não obtêm sucesso, porque neles não há incoerência. Geralmente a obrigação não lhe interessa a mínima. Sentindo-se bem, até será capaz de assumir responsabilidades.

O conceito de justiça não tem, neste signo, um valor absoluto, nem em relação à lei oficial, nem quando se trata de justiça pessoal, ditada por sua consciência. Ele chega a ser indiferente a algo que esteja fora de seus interesses pessoais.

A vida, para Gêmeos, não precisa ser muito séria, tem que ser instigante, divertida, diversificada. Por esta razão, alguns nativos ficam perdidos, sem saber onde empregar seus talentos, pois há tantas coisas interessantes a fazer e eles têm um pouco de talento para fazer muitas coisas. Para Gêmeos, dedicar-se a uma atividade apenas é muito monótono. Seu verdadeiro talento não está em exercer uma só atividade, mas em achar os laços que existem entre as diferentes possibilidades. Ele é verdadeiramente um construtor de pontes de idéias, feliz em poder traduzir uma esfera da vida para a linguagem da outra. Adora os trabalhos imprevistos que o levam à aventura, à novidade e à expressão livre de sua imaginação.

Para alcançar o êxito, Gêmeos necessita se organizar. Em primeiro lugar, os pensamentos. Aqui vai uma sugestão: dividir uma folha de papel em três colunas. Anotar, na primeira coluna, os seus objetivos e ambições; na segunda, seus compromissos atuais e, na terceira, suas prioridades. Freqüentemente não haverá possibilidade de conquistar alguns dos objetivos e ambições, porque não há horas suficientes num dia para tudo isso. Deste modo, não deve ocupar muito tempo com os compromissos atuais, até que tenha dado conta das prioridades. E tirar ao menos três cópias: uma para ficar em casa, outra no escritório, bem visível, e outra com sua secretária, ou ajudante. Afinal, quando as energias estão concentradas, os lucros são maiores. Uma planificação cuidadosa deixa mais tempo livre para que sua mente ativa descanse e até desfrute mais da vida social.

!!!

Abaixo relacionados estão alguns itens que podem ajudar Gêmeos a estabelecer um estilo de vida um pouco mais sensato, sem ter que mudar necessariamente toda a sua natureza:

- Organizar um horário diário exeqüível.
- Concentrar-se em uma idéia, um projeto, uma pessoa de cada vez.
- Colocar as idéias em prática e terminar o que tiver iniciado.
- Estar disposto a se comprometer, quando necessário.
- Aprender a ouvir com atenção.
- Ser brilhante e desafiador, mas também sensual e sedutor.
- Mostrar interesse pelas necessidades e objetivos dos demais.
- Aprofundar-se mais e deixar a superfície.
- Na hora do trabalho, ser sério e constante.
- Tolerar a rotina, porque é necessária.
- Concentrar-se no êxito e trabalhar duro.
- Harmonizar a mente e as emoções.
- Dispensar um tempo para conhecer melhor as pessoas.
- Diminuir o ritmo das aventuras amorosas.
- Saber manifestar seu afeto vale mais que mil palavras.
- Não deixar para amanhã o que pode ser feito hoje.

ESPIRITUALIDADE

Conforme a simbologia, é sublimando a matéria em razão da espiritualidade que Gêmeos pretende encontrar o equilíbrio. Ainda em função de sua instabilidade emocional, procura compensação na religiosidade e no misticismo.

O geminiano é, ao mesmo tempo, lógico e emotivo; pode sentir atração pelas ciências ocultas e mágicas, tentando descobrir uma identidade quase indefinível...

Neste capítulo, com a finalidade de acompanhamento espiritual ou de ajuda, foram escolhidas as entidades denominadas anjos protetores ou de guarda. O anjo representa a energia e a pureza do conhecimento de Deus. Segundo pesquisas exotéricas, o anjo de guarda permanece junto da pessoa desde o dia de seu nascimento até o dia do desencarne (morte). Saiba mais sobre essas entidades especialmente relacionadas ao seu signo e à data de seu nascimento.

Categorias ou qualidades de anjos de guarda e Príncipes, correspondentes à proteção de determinados períodos do signo de Gêmeos:

Dias 21 e 22 de maio

Qualidade: Arcanjos
Categoria angelical responsável pela transmissão de mensagens, assegurando os bons relacionamentos, a sabedoria e os estudos. São anjos ágeis e querem ver todos felizes nesta existência.
Príncipe: Mikael ou Miguel (Príncipe de Israel, considerado um superanjo, invocado para a coragem, forte defesa e proteção divina).

De 23 a 30 de maio

Qualidade: Anjos

Deus se utiliza dessa categoria angelical para fazer milagres, impulsionando a evolução da humanidade através de experimentos e experiências de vida.

Príncipe: Gabriel (significa humanidade de Deus ou herói da humanidade e resgata seus protegidos na Terra para levá-los ao céu).

Dia 31 de maio

As pessoas nascidas nesta data pertencem à hierarquia de "Senhores do Sacrifício". Em outras vidas, praticaram muitos atos humanitários, através dos quais sua própria vida foi doada em benefício de um grupo. São considerados "gênios da humanidade", anjos terrenos, representando a proteção divina. Como já possuem uma essência angelical muito forte, não há designação de um anjo específico para eles. Podem escolher o anjo guardião com o qual se identificam, ou pelo horário de nascimento.

De 1º a 8 de junho

Qualidade: Serafins

Categoria angelical que está mais próxima de Deus. São considerados os mais velhos e/ou responsáveis de todos os anjos. Personificam a caridade e a inteligência.

Príncipe: Metraton ("rei dos anjos", em hebraico, governa todas as forças da criação em benefício dos habitantes da Terra).

De 9 a 16 de junho

Qualidade: Querubins

Refletem a sabedoria divina, aliada ao temperamento jovial. É a representação de anjo que mais conhecemos: bochechudo, nu, com sorriso de criança arteira.

Príncipe: Raziel (significa "segredo de Deus", é o príncipe dos mistérios e guardião da humanidade).

De 17 a 20 de junho

Qualidade: Tronos

Proclamam a sabedoria divina através da música e são os inspiradores da arte e da beleza. Nas pinturas, aparecem como anjos jovens, bonitos, segurando uma harpa, cítara ou outro instrumento.

Príncipe: Tsaphkiel (ou Auriel, protetor das doze tribos de Israel; sua morada é a "Harmonia").

Identificação do anjo de guarda pessoal e atribuições, conforme a sua data de nascimento; horários e dias em que seu anjo estará mais próximo e o número do Salmo para orar, referente a ele:

21 de maio

Anjo Anauel - 20h40min às 21h - 21 de maio, 2 de agosto, 14 de outubro, 26 de dezembro, 9 de março - Salmo 2.

Atribuições do anjo: Ajuda a encontrar a verdadeira espiritualidade e a obter sabedoria. Protege contra os problemas de saúde e acidentes; conserva a paz nas famílias, neutralizando as maldades dos inimigos.

22 de maio

Anjo Mehiel - 21h às 21h20min - 10 de março, 22 de maio, 3 de agosto, 15 de outubro, 27 de dezembro -Salmo 32.

Atribuições do anjo: Protege contra a raiva, inimizades e acidentes de trânsito. Favorece os que buscam a sabedoria, os professores, os autores e oradores. Influencia os que amam a leitura, as livrarias e todos os que negociam nesta área.

23 de maio

Anjo Damabiah - 21h20min às 21h40min - 11 de março, 23 de maio, 4 de agosto, 16 de outubro, 28 de dezembro - Salmo 89.

Atribuições do anjo: Protege contra os sortilégios ou presságios negativos, ajuda a triunfar e faz render os empreendimentos. Favorece as pessoas que trabalham em cidades litorâneas, em pesquisas de expedições marítimas, o comércio com produtos do mar, marinheiros e pilotos.

24 de maio

Anjo Manakel - 21h40min às 22h - 12 de março, 24 de maio, 5 de agosto, 17 de outubro, 29 de dezembro - Salmo 37.

Atribuições do anjo: Ajuda a acalmar a cólera e tirar todas as maldades das pessoas. Influencia a inspiração para a música e a poesia. Domina o mundo dos elementais.

25 de maio

Anjo Ayel - 22h às 22h20min - 13 de março, 25 de maio, 6 de agosto, 18 de outubro, 30 de dezembro - Salmo 36.

Atribuições do anjo: Consola as pessoas vitimadas por adversidades ou injustiças. Favorece a longevidade, a preservação e a solidificação de bens materiais adquiridos por intermédio do trabalho. Influencia os estudos da filosofia, do misticismo ou religiões. Domina as mudanças.

26 de maio

Anjo Habuhiah - 22h20min às 22h40min - 14 de março, 26 de maio, 7 de agosto, 19 de outubro, 31 de dezembro - Salmo 105.

Atribuições do anjo: Ajuda a manter a paz, a eliminar a força dos maldosos e a curar os problemas de saúde. Exerce influência na agricultura, criação e fecundidade.

27 de maio

Anjo Rochel - 22h40min às 23h - 1º de janeiro, 15 de março, 27 de maio, 8 de agosto, 20 de outubro - Salmo 15.

Atribuições do anjo: Ajuda a encontrar os objetos desaparecidos e mostra quem os escondeu e roubou. Influencia a obtenção de renome, fortuna e sucesso na economia, política e justiça.

28 de maio

Anjo Yabamiah - 23h às 23h20min - 2 de janeiro, 16 de março, 28 de maio, 9 de agosto, 21 de outubro - Salmo 91.

Atribuições do anjo: Domina as gerações e todos os fenômenos da natureza. Protege quem se regenera e se redime através da harmonia, exaltando a Deus e purificando os elementos. Recupera os drogados e os alcoólatras.

29 de maio

Anjo Haiaiel - 23h20min às 23h40min - 3 de janeiro, 17 de março, 29 de maio, 10 de agosto, 22 de outubro - Salmo 108.

Atribuições do anjo: Ajuda a confundir os maldosos e a libertar as pessoas dos vínculos com os opressores. Protege os que buscam a luz da verdade. Domina a vitória e a paz. Concede a força, a energia, o talento e mais segurança em todas as atividades.

30 de maio

Anjo Mumiah - 23h40min à 24h - 4 de janeiro, 18 de março, 30 de maio, 11 de agosto, 23 de outubro - Salmo 114.

Atribuições do anjo: Protege contra os processos mágicos desconhecidos. Ajuda a obter triunfo e conduz a descobertas úteis. Domina a química, a física, a medicina e a longevidade.

1º de junho

Anjo Vehuiah - 0h à 0h20min - 6 de janeiro, 20 de março, 1º de junho, 13 de agosto, 25 de outubro - Salmo 3.

Atribuições do anjo: Ajuda a executar as tarefas mais difíceis. Tem grande potencial de cura nas mãos.

2 de junho

Anjo Jeliel - 0h20min à 0h40min - 7 de janeiro, 21 de março, 2 de junho, 14 de agosto, 26 de outubro - Salmo 21.

Atribuições do anjo: Acalma as revoltas populares, ajuda a obter ganho de causa contra quem nos ataca judicialmente, restabelece a felicidade conjugal e a paz entre os esposos. Tem domínio sobre patrões e empregados, mantendo a harmonia.

3 de junho

Anjo Sitael - 0h40min à 1h - 8 de janeiro, 22 de março, 3 de junho, 15 de agosto, 27 de outubro - Salmo 90.

Atribuições do anjo: Invocado contra as adversidades, favorece o magnetismo pessoal e as grandes descobertas. Protege contra acidentes de automóvel, uso de armas ou assaltos.

4 de junho

Anjo Elemiah - 1h à 1h20min - 9 de janeiro, 23 de março, 4 de junho, 16 de agosto, 28 de outubro - Salmo 6.

Atribuições do anjo: Invoca-se este anjo quando o espírito está atormentado e é preciso uma reconsideração ou arrependimento dos atos.

5 de junho

Anjo Mahasiah - 1h20min à 1h40min - 10 de janeiro, 24 de março, 5 de junho, 17 de agosto, 29 de outubro - Salmo 33.

Atribuições do anjo: Invoca-se este anjo para viver em paz com todos. Ele exerce domínio sobre a filosofia e a teologia, as altas ciências, as artes e as profissões liberais. Além disso, auxilia no aprendizado, inclusive de idiomas.

6 de junho

Anjo Lelahel - 1h40min às 2h - 11 de janeiro, 25 de março, 6 de junho, 18 de agosto, 30 de outubro - Salmo 9.

Atribuições do anjo: Invocado contra as pessoas maldosas e para iluminar os atos de cura. Ele domina as artes, a fortuna, as ciências e o amor.

7 de junho

Anjo Achaiah - 2h às 2h20min - 12 de janeiro, 26 de março, 7 de junho, 19 de agosto, 31 de outubro - Salmo 102.

Atribuições do anjo: Invoca-se este anjo para aumentar a paciência. Ele ajuda a desvendar os segredos da natureza e abre os caminhos no campo de trabalho.

8 de junho

Anjo Cahethel - 2h20min às 2h40min - 13 de janeiro, 27 de março, 8 de junho, 20 de agosto, 1º de novembro - Salmo 94 e/ou 95.

Atribuições do anjo: Invoca-se este anjo para obter a proteção de Deus, para inspirar o homem a elevar-se até Ele e agradecer os bens de consumo. Ajuda a ter força para resistir e continuar sempre em frente.

9 de junho

Anjo Haziel - 2h40min às 3h - 14 de janeiro, 28 de março, 9 de junho, 21 de agosto, 2 de novembro - Salmo 24.

Atribuições do anjo: Ajuda a obter a graça de Deus, domina a bondade e a reconciliação. Influencia as promessas feitas de forma sincera e facilita os ganhos de causa para pessoas inocentes.

10 de junho

Anjo Aladiah - 3h às 3h20min - 15 de janeiro, 29 de março, 10 de junho, 22 de agosto, 3 de novembro - Salmo 32.

Atribuições do anjo: Invocado contra as doenças e a maldade. Facilita sempre a escolha do melhor caminho ou oportunidade.

11 de junho

Anjo Laoviah - 3h20min às 3h40min - 16 de janeiro, 30 de março, 11 de junho, 23 de agosto, 4 de novembro - Salmo 17.

Atribuições do anjo: Invocado contra as fraudes e para alcançar a vitória. Ele faz com que os relacionamentos sejam fortes e duradouros.

12 de junho

Anjo Hahahiah - 3h40min às 4h - 17 de janeiro, 31 de março, 12 de junho, 24 de agosto, 5 de novembro - Salmo 9.

Atribuições do anjo: Atua de modo decisivo contra os adversários, faz revelações de todos os mistérios ocultos, principalmente em sonhos. Domina a serenidade, a moderação e o equilíbrio.

13 de junho

Anjo Yesalel - 4h às 4h20min - 18 de janeiro, 1º

de abril, 13 de junho, 25 de agosto, 6 de novembro - Salmo 97.

Atribuições do anjo: Facilita as amizades e colabora para a felicidade conjugal. Auxilia a rápida compreensão de todas as situações.

14 de junho

Anjo Mebahel - 4h20min às 4h40min - 19 de janeiro, 2 de abril, 14 de junho, 26 de agosto, 7 de novembro - Salmo 9.

Atribuições do anjo: Anjo da justiça, da verdade e da liberdade, livra as pessoas que se sentem prisioneiras ou deprimidas, protege os inocentes e traz a verdade à tona.

15 de junho

Anjo Hariel - 4h40min às 5h - 20 de janeiro, 3 de abril, 15 de junho, 27 de agosto, 8 de novembro - Salmo 93.

Atribuições do anjo: Invocado contra os incrédulos da religião. Sua influência está ligada aos sentimentos religiosos, que se distinguem pela pureza. Ajuda a descobrir tudo o que é útil e novo, protegendo as ciências e as artes.

16 de junho

Anjo Hekamiah - 5h às 5h20min - 21 de janeiro, 4 de abril, 16 de junho, 28 de agosto, 9 de novembro - Salmo 87.

Atribuições do anjo: Protege as pessoas que ocupam as posições de comando. Ajuda a combater os tratantes, obter vitórias e libertar os oprimidos. Ele estimula a coragem e a fidelidade.

17 de junho

Anjo Lauviah - 5h20min às 5h40min - 22 de janeiro, 5 de abril, 17 de junho, 29 de agosto, 10 de novembro - Salmo 8.

Atribuições do anjo: Predispõe a dormir bem; é invocado contra os tormentos de espírito e contra a tristeza. Favorece as altas ciências e as descobertas maravilhosas. Faz revelações em sonhos.

18 de junho

Anjo Caliel - 5h40min às 6h - 23 de janeiro, 6 de abril, 18 de junho, 30 de agosto, 11 de novembro - Salmo 7.

Atribuições do anjo: Ajuda contra as adversidades e para o triunfo dos inocentes, confundindo as pessoas malvadas. Colabora para o conhecimento da verdade.

19 de junho

Anjo Leuviah - 6h às 6h20min - 24 de janeiro, 7 de abril, 19 de junho, 31 de agosto, 12 de novembro - Salmo 39.

Atribuições do anjo: Ajuda a obter a graça de Deus e atua sobre a memória e a inteligência. Protege contra os adversários, ou aqueles que usarem o seu nome indevidamente.

20 de junho

Anjo Pahaliah - 6h20min às 6h40min - 25 de janeiro, 8 de abril, 20 de junho, 1º de setembro, 13 de novembro - Salmo 119.

Atribuições do anjo: Ajuda a descobrir todos os enigmas das religiões e auxilia na conversão dos povos ao cristianismo. Domina a religião, a moral e a teologia. Ajuda, também, a encontrar a vocação certa.

SAÚDE

As áreas corporais referentes a Gêmeos são o peito, os ombros, os braços, as mãos, as costelas superiores, o sistema respiratório e a maioria das funções nervosas. Mercúrio governa as faculdades intelectuais e o equilíbrio psíquico. Por associação, reflete o seu signo oposto, Sagitário, no que se refere ao quadril, ao nervo ciático e ao fígado.

Tende a padecer de bronquites, pneunonia, tuberculose, pleurisia, asma, enfermidades nervosas (perturbações mentais, transtornos psicossomáticos, depressões, neuroses), inflamações hepáticas ou do nervo ciático. A fragilidade do sistema nervoso associada à insuficiência hepática tornam o geminiano suscetível às reações alérgicas. Deverá ser tão prudente no que diz respeito aos distúrbios desse tipo, quanto à medicação utilizada para curá-los.

Sua personalidade egocêntrica não se conforma com o abatimento e a depressão e pode empurrá-lo ao consumo de estimulantes: café, bebidas, drogas. Um alerta: será prudente afastar-se da dependência dos estimulantes. Os excessos com comidas, bebidas, vida desregrada e boêmia, vão fazê-lo sofrer com a idade...

Em geral, com uma constituição muito sã, este signo manifesta um bom equilíbrio energético. Às vezes, alguns nativos apresentam saúde delicada. E como está propenso ao esgotamento, ao estresse, será aconselhável aprender a descansar, interrompendo suas atividades por alguns momentos durante o dia.

Para o geminiano, recomenda-se o tipo de esporte que destaca a agilidade e não a força, já que tem pouca musculatura e pouca resistência. Pode praticar com êxito a esgrima, o esqui, o arco e a flecha, o tênis e o tênis de mesa. Deve manter uma prática corporal que flexibilize o seu corpo.

SORTE

O lado racional e lógico do geminiano rejeita o sagrado, as crenças, os ritos e as superstições. No entanto, é vulnerável a algumas crenças, devido à facilidade de vibrar com o mundo do espírito.

Pode viver períodos de adversidades, nos quais os projetos voltam-se contra ele e sua negligência lhe causa alguns infortúnios. Haverá, certamente, períodos benditos pelos deuses, quando o destino e todas as forças conspiram a seu favor. Sem dúvida, porque ele sabe aproveitar muito bem as ocasiões.

Vale conhecer alguns itens associados e referentes ao signo de Gêmeos, destinados a canalizar boas energias e trazer benefícios.

PLANETA DOMINANTE: Mercúrio (ao mesmo tempo na casa e em exaltação).

PEDRAS: Cristal de rocha, ágata, opala, topázio, citrino, olho-de-tigre, pérola, água-marinha, pedra da lua.

METAIS: Mercúrio e ouro.

PLANTAS, ERVAS E FLORES: Aneto, alcarávia, petúnia, funcho, linho, nozes, salsa, glicínia, sálvia, valeriana, madressilva, verbena.

PERFUMES: Jacinto, acácia, madressilva, lírio, alfazema, menta, miosótis, alecrim, violeta.

INCENSOS: Rosa, alecrim, jasmim.

DIAS DA SEMANA: Quarta-feira (favorável, consagrado a Mercúrio); quinta-feira (desfavorável, pois Júpiter se acha em contraposição a este signo).

NÚMEROS: 3, 5, 12, 13, 18, 33.

CORES: Amarelo, azul, cinza, os tons irisados e furta-cores.

ELEMENTO: Ar.

ANIMAIS: Abelha, formiga, raposa, macaco.

PAÍSES: Norte da África, Bélgica, Canadá, Estados Unidos, País de Gales, Sardenha.

CIDADES: Londres, São Francisco, Versalhes.

ASCENDENTES

O ascendente é o signo que aparece no horizonte na hora do seu nascimento. Em alguns aspectos, é tão importante quanto o seu signo solar ou lunar, já que suas atitudes mais extremas frente à vida são muito influenciadas por ele. Para identificar o seu ascendente, basta procurar no quadro abaixo a coluna correspondente à sua data e hora de nascimento (caso tenha nascido num país em que estava vigente o horário de verão, deverá descontar uma hora).

Você é Gêmeos e nasceu entre:

21/05-31/05	*1º/06-10/06*	*11/06-20/06*	*ASCENDENTE*
02:25 - 03:25	01:45 - 02:45	01:05 - 02:05	Áries
03:25 - 04:45	02:45 - 04:05	02:05 - 03:25	Touro
04:45 - 06:25	04:05 - 05:45	03:25 - 05:05	Gêmeos
06:25 - 08:55	05:45 - 08:15	05:05 - 07:35	Câncer
08:55 - 11:45	08:15 - 11:05	07:35 - 10:25	Leão
11:45 - 14:25	11:05 - 13:45	10:25 - 13:05	Virgem
14:25 - 17:05	13:45 - 16:25	13:05 - 15:45	Libra
17:05 - 19:55	16:25 - 19:15	15:45 - 18:35	Escorpião
19:55 - 22:15	19:15 - 21:35	18:35 - 20:55	Sagitário
22:15 - 00:05	21:35 - 23:25	20:55 - 22:45	Capricórnio
00:05 - 01:25	23:25 - 00:45	22:45 - 00:05	Aquário
01:25 - 02:25	00:45 - 01:45	00:05 - 01:05	Peixes

A seguir, pode-se verificar como cada ascendente influi em seu signo solar:

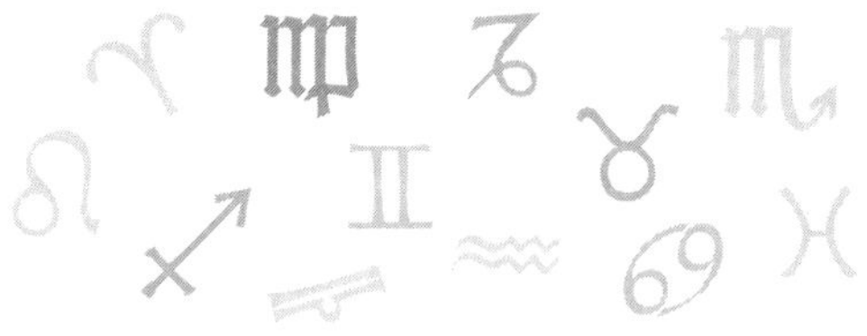

GÊMEOS-ÁRIES

A voluntariosa influência ariana converte Gêmeos em um vitorioso, com a capacidade de falar com todo mundo sobre qualquer tema. Esta combinação consagra o nativo às festas e às diversões. Ele é o verdadeiro jogral do Zodíaco em aventura perpétua. E será capaz de passar da mentira à verdade, com singular ironia. Vive o presente com inquietação, nervosismo e desconcentração. Para conquistar grandes êxitos, é vital que este nativo ponha em prática suas idéias e não permita o influxo da impaciência ariana.

GÊMEOS-TOURO

Este é o encontro de princípios opostos: estabilidade contra inconstância, concentração contra desperdício. As tendências enfrentam-se ou alternam-se, dando origem a mudanças imprevisíveis. Touro proporciona a Gêmeos a capacidade de concentração em seus projetos. Pode, também, torná-lo um pouco teimoso, mas não terá problemas para comunicar suas idéias aos demais.

GÊMEOS-GÊMEOS

Alguém pode fazer parar um duplo Gêmeos? Sua mente ágil e desperta, sua capacidade para se comunicar com todo mundo e falar sobre qualquer tema o converte em uma fonte de energia intelectual. É adaptável, lógico, atarefado e astucioso. Tem dom para escrever e habilidade para as línguas. Parece um eterno adolescente, vivendo o presente com o afã de quem quer abraçar o mundo e fantasiando a realidade. Um alerta: organizar-se para não perder de vista os seus objetivos.

GÊMEOS-CÂNCER

Esta combinação favorece a imaginação e a criatividade. Câncer pode proporcionar a Gêmeos o amor ao lar e à família. A necessidade de segurança no âmbito doméstico faz com que se estabeleçam relações emocionais mais profundas do que para a maioria dos geminianos. No entanto, em vista de algum fracasso, deixa-se levar pela melancolia. Pode encontrar obstáculos no começo de sua vida ou ser desfavorecido em questões familiares.

GÊMEOS-LEÃO

Ao talento natural do geminiano para os contatos, une-se a arte de seu ascendente para destacar-se. Esse nativo é majestoso: está confiante no triunfo e tem a segurança de que pode conquistá-lo, sem modéstia. Mostra-se mais sereno e forte, com sua inteligência rápida, às vezes plástica ou firme, dá a impressão de ser um poço de argumentos.

GÊMEOS-VIRGEM

Que os céus tenham piedade de quem se atrever a analisá-lo ou julgá-lo... Esta combinação caracteriza-se pela dupla influência de Mercúrio, prova de inteligência, análise, concentração, método e ordem. A flexibilidade e a inventiva de Gêmeos se harmonizam com a precisão e a concretização de Virgem. É tão favorável ao intelecto que pode chegar a asfixiar a sensibilidade e a sensualidade, tornando o nativo frio e distante. Um alerta: não ser demasiado áspero em seus comentários.

GÊMEOS-LIBRA

Encontra-se aqui uma dupla do elemento ar. O nativo é sensual, mas crítico; diplomático e sedutor, narcisista e obcecado pelo olhar dos outros, arriscando-se a criar uma imagem ilusória de si mesmo. Será dotado para as letras (oratória) e expressão corporal (dança). O sucesso virá muito mais em decorrência do talento de negociador do que de sua perseverança. Pode ser desorganizado e indeciso no momento de tomar uma decisão rápida.

GÊMEOS-ESCORPIÃO

Objetivos muito intensos e emoções muito profundas definem este nativo. Seu magnetismo pessoal está em alta para demonstrar os seus propósitos a todos. Oferece uma imagem misteriosa e reações imprevisíveis. Com freqüência, o lado superficial de Gêmeos e a profundidade de Escorpião alternam-se. A capacidade de adaptação de Gêmeos pode se unir ou se opor à força mental de Escorpião, criando transtornos. Precisa controlar a tendência à autodestruição e à possessão (das coisas e das pessoas).

GÊMEOS-SAGITÁRIO

Sagitário é o signo oposto a Gêmeos no Zodíaco. Esta combinação faz do nativo um brilhante oponente para os jogos mentais, com o perigo de se tornar demasiado insensível ou crítico ao avaliar os outros. Tende a acreditar que sabe todas as respostas, alimenta um grande número de projetos, detesta a rotina e aprecia a surpresa. Possui natureza entusiasta e nervosa, sendo capaz de recomeçar sua vida em várias ocasiões, mudando de atividade, de cidade, de companheiro(a). Isso poderia ser até interessante, se não causasse transtornos e desgastes...

GÊMEOS-CAPRICÓRNIO

Capricórnio capacita Gêmeos para se concentrar por completo em seus ideais e ambições, uma vez que tenha definido a importância deles em sua vida. A perseverança de Capricórnio opõe-se à inconstância de Gêmeos: o nativo ganha coordenação, eficiência, e perde um pouco a fantasia e o humor. A combinação favorece a lucidez, o senso crítico e até a severidade. Deve demonstrar suas emoções às pessoas com as quais realmente se importa.

GÊMEOS-AQUÁRIO

São dois signos de ar. O nativo é o protótipo da pessoa inconstante, contraditória, que vive à margem dos valores materiais. Poderia ser um verdadeiro dínamo intelectual, mas pouco concretiza, exceto, talvez, no campo sentimental, com ternura e espiritualidade. Deve converter seus planos em realidade, necessitando, para isso, da ajuda de amigos e proteção. É uma pessoa imaginativa, de múltiplos talentos, tanto no campo das artes como na técnica.

GÊMEOS-PEIXES

A influência de Peixes é humanitária e compassiva. O nativo desta combinação é alguém misterioso, difícil de se revelar. As profundezas inconscientes e difusas de Peixes alternam-se com a lucidez e o raciocínio de Gêmeos. A intuição de Peixes, no entanto, pode se combinar à flexibilidade de Gêmeos, abrindo-se à fantasia. Um alerta: não se deixar levar unicamente pelo sonho e controlar os seus gastos.

BIBLIOGRAFIA

Buonfiglio, Monica. Anjos Cabalísticos. Ed. Oficina Cultural Esotérica Ltda, 1993.

Buonfiglio, Monica. A Magia dos Anjos Cabalísticos. Ed. Oficina Cultural Esotérica Ltda, 1994.

Buonfiglio, Monica. Salmos. Ed. Oficina Cultural Esotérica Ltda, 1994.

Golder, Carole. Los Signos del Zodiaco y el éxito. Ediciones Urano, Espanha, 1997.

Greene, Liz. Os Astros e o Amor. Ed. Cultrix, 1997.

Madame X. Como Convertirse en Astrologo Profesional – y vivir de ello. Libro Latino, Argentina, 1997.

Oken, Alan. Astrología – Guia Práctica. Ediciones Obelisco, Espanha, 1998.

Papus. Iniciación Astrologica. Editorial Humanitas, Espanha, 1995.

Petit, Laurène. Gêmeos – Astro-Signos. Ed. Todolivro, 1997.

Revista Mística Previsões 2001. Edição 03. São Paulo, Ed. Novasampa - Diretriz e Editora Ltda, 2001.

Valsecia, Horacio. Astrologia Infantil. Livro Latino, Argentina, 1998.